冷凍パイシートさえあれば！
オープンパイ　新田亜素美

大和書房

はじめに——パリの食べ歩きの思い出

その昔、学生時代の卒業旅行で訪れたパリの街角で、色とりどりなショーケースが目を引きました。そこには、たくさんのフルーツを使ったデニッシュや野菜のキッシュなど、今でこそ日本でもポピュラーになったパンやケーキが所狭しと並べられていました。
その中でひと際心を奪われたのは、薄く大きなピザ

生地のようなものに、カラフルな野菜や見たことがないサラミやソーセージがランダムに盛られていたもの。一切れほおばりながら、うきうきと街歩きをしていたなぁ。

後にあのピザは、アルザス地方のタルトフランベだということがわかりました。

この本では、まだ馴染みの浅いタルトフランベをオープンパイと名付け、食材の組み合わせや、色使い、味のバランス、そして何よりお手軽さにこだわり、レシピを紹介しています。生地も冷凍パイシートにフォークで穴をあけるだけ!! いくつか作って、シェアしながら色々な味を楽しんでみてください。冷めてもサクサクしているので、持ち寄りにもピッタリです。

さあ、早速オープンパイ! 作ってみてください。

目 次

はじめに
——パリの食べ歩きの思い出 2
冷凍パイシートのこと 8
この本の使い方 10

生ハムとハーブサラダのブルーチーズ 13
サーモンとマッシュルームのホワイトソース 14
いくらと青ねぎのサワークリーム 15
厚切りベーコンのメキシカン風 17
トマトとアンチョビのカマンベールチーズ 18
鯖缶のトマトソース 19
コンビーフとアボカドのわさびマヨ 21
豚バラとあさり 21
さんまとバジルのトマトソース 22
えびとミニトマトのクリームチーズ 23
生ハムとマッシュルームのナッツナッツ 27
あさりと春菊のモッツァレラチーズ 28
ツナとクレソンの粒マスタード 29
ズッキーニとサラミとキムチ 31
ちりめんじゃこと佃煮わさび 33
じゃこと枝豆、ししとうのバジルソース 33
オイルサーディンとパセリマヨ梅 34
しらすと塩昆布サラダ 35
牡蠣とほうれん草のトマトソース 37
かに缶とブロッコリーのオリーブオイル 38
サラミとゆず胡椒れんこん 41
ほたて缶とれんこんのからしマヨ 42
塩辛とじゃがいもチーズ 43
山椒の実とフロマージュ 45
きのこたっぷりビスマルク 45
いかとセロリのトマトソース 47
明太子と玉ねぎのクリームチーズ 47
じゃがいもとベーコンのローズマリーチーズ 48
カルボナーラ 49
バジルチキン 51
ひき肉と小えびのトムヤム 53

ししゃもと春菊のカレーチーズ　53

ソーセージとミニトマトのブルーチーズ　54

ベーコンとピーマンのカレーガーリック　55

ダブルコーン　56

プラムとクレソン、トレビスのカッテージ　59

さつま芋とレーズンバター　63

紫芋とドライプルーン　63

ベーコンとマッシュルーム、シーザーサラダ　65

たこと長ねぎ　68

カレーとビーンズのチーズ　71

じゃことねぎねぎのり　72

いかの真っ黒ソース　73

サルシッチャとチーズ　75

カレー風味のひき肉と赤ピーマン　76

ソーセージとピクルスのモッツァレラ　77

いろいろきのこのコチュジャンマヨ　79

プラムとマスカルポーネの一味ミント　81

いちごとはちみつミントのマスカルポーネ　83

マンゴーとキウイとパインのココナッツミルク　83

りんごとモッツァレラ　85

バナナとキャラメル　86

マシュマロと板チョコのママレード　87

いちじくと梨のブルーチーズナッツ　88

ぶどうとクリームチーズ　89

柿と板チョコ　90

甘栗とドライフルーツのナッツまみれ　91

桃缶とさくらんぼ缶のクリームチーズ　93

桃とはちみつのサワークリーム　93

みかんと板チョコのカスタード　94

マンゴーとクリームチーズ　95

Column
作りおきでいつでもオープンパイ
1. トマトソース　39
2. ホワイトソース　57
3. カスタードクリーム　69

Step 1 Step 2

ピケ　　　　　　　　空焼き

Step 3 | Step 4

乗せる　　　　　　　　　できた！

冷凍パイシートのこと

冷凍パイシートはそのままオーブンで調理できるとても便利な食材。
さまざまな商品がありますが、
私のおすすめは「ベラミーズ」の冷凍パイシート。
144層になっているので焼いたときのサクサク感が抜群。
また100％バターなので、風味が最高です。

パイシートを自分で作ろうとすると、
作った事のある人はわかると思いますがとても大変。
まず、大理石の板を用意し、バターを挟んだ生地を、
何度も何度も麺棒で伸ばしては折り畳み、
伸ばしては折り畳む、のくり返しです。
さらに、バターが生地にしみ込んではいけないので、
暖かい部屋ではできません。ガンガンに温度を下げた部屋で
延々とこの作業をしなければいけないのです。
冷凍パイシートは超優秀なアイテムということが
お分かりいただけたと思います。
もちろん、パイシートから作ってもかまいません。

また、この本では、パイシートは伸ばさずそのままで使用しています。

ニュージーランド・ベラミーズ社の冷凍パイシート。冷凍とは思えない本物志向。フレッシュバター100％ならではの風味、サックサクの食感、味わいが楽しめます。
20cm×20cm／3枚入り／798円（税込）／クオカ

冷凍パイシートの準備

冷凍パイシート

＋

ピケ

フォーク

↓

ムラなく焼くコツ

空焼き
200℃　10分

↓

準備オッケー　　サックサク

好きな食材や　＋　　　　＋　チーズ

Open Pie

この本の使い方

オーブンのこと

この本のレシピではオーブンを使用しています。
表記のレシピは上段での調理時間ですが、
オーブンは商品によって微妙に仕様が異なりますので、
取り扱い説明書で確認してください。
様子をみながら焦げそうなら
アルミホイルをかぶせて加熱してください。
オーブントースターでも作る事ができますが、

トースターのこと

トースターは庫内が狭いため焦げます。
アルミホイルをかぶせるなどして、
焦げないように注意してください。
トースターを仕様の場合、加熱時間は同じですが、
設定温度は10度低くしてください。

トースターの注意

トースターでそのまま焼くとこんなことに……。焼き色がついたら、アルミホイルをかぶせて焦げ防止を!!

冷凍パイシートのこと

この本では20cm角のパイシートを使ったときのレシピです。
小さなパイシートを使うときは、
シートの大きさに合わせて具材の分量を調節してください。

分量のこと

この本ではだいたい2〜3人分を目安にしています。

生ハムと
ハーブサラダの
ブルーチーズ

200℃ 20分

生ハムとお好みのハーブでおもてなしにぴったりの一品。
ブルーチーズの塩味が、白ワインにぴったり。

[材料]

生ハム　3枚
ベビーリーフ　1袋
トレビス　1枚
ディル　1本
バジル　適量
A 塩　少々
　オリーブオイル　適量
ピザ用チーズ　30g
ブルーチーズ　20g
黒胡椒　適量

[つくり方]

1 ハーブ類はちぎり、**A**と軽く合わせる。

2 冷凍パイシートにピザ用チーズ、細かくちぎったブルーチーズを乗せ、200℃のオーブンで20分ほど焼く。

3 1と生ハムを乗せ、黒胡椒をふる。

サーモンとマッシュルームの
ホワイトソース

サーモンは焼く前に乗せると生地となじみ、焼いたあとで乗せるとまた違った味わいに。二度楽しめるレシピです。

空焼き 10分
230℃ 8分

[材料]

サーモン　60g
マッシュルーム　3個
ホワイトソース　大さじ4
ディル　適量

[つくり方]

1　サーモンは一口大に切り、マッシュルームは薄切りにする。

2　空焼きしたパイシートにホワイトソースを塗り、マッシュルームを並べ230℃のオーブンで8分ほど焼く。サーモンとちぎったディルを乗せる。

いくらと青ねぎの
サワークリーム

200℃ 20分

目にも鮮やかな一品。青ねぎをくるっとさせるには、
10cmくらいの斜め切りにして水につけておくこと。

[材料]

いくら　大さじ2
青ねぎ　5本くらい
サワークリーム　大さじ2
ピザ用チーズ　50g
オリーブオイル　適量

[つくり方]

1　青ねぎは斜め切りにする。

2　冷凍パイシートにチーズを乗せ、200℃のオーブンで20分焼く。

3　サワークリームを塗って青ねぎとイクラを乗せ、オリーブオイルをかける。

Open Pie

厚切りベーコンの
メキシカン風

空焼き 10分
230℃　8分

薄切りではなく、食べごたえたっぷりの厚切りベーコンで
作るのがコツ。チリパウダーがスパイシーなアクセントに。

[材料]

厚切りベーコン　70g
トマト　60g
アボカド　1/2個
マヨネーズ　大さじ1
ピザ用チーズ　50g
チリパウダー　適量

[つくり方]

1　厚切りベーコン、トマト、アボカドは1cm角に切り、マヨネーズで和える。

2　空焼きしたパイシートにチーズ、**1**を乗せ230℃のオーブンで8分ほど焼く。

3　チリパウダーをふる。

トマトとアンチョビの
カマンベールチーズ

とてもオーソドックスなレシピですが、シンプルだからこそ、素材にこだわってみてる一品。

空焼き 10分
230℃ 8分

[材料]

トマト　1個
アンチョビ　2枚
カマンベールチーズ　1個
タイム　適量

[つくり方]

1 トマトは輪切りにする。
2 空焼きしたパイシートにトマト、手でちぎったカマンベールチーズ、アンチョビ、タイムを乗せ、230℃のオーブンで8分焼く。

鯖缶のトマトソース

ストック食材の定番、鯖水煮缶とトマトソースで作る、
お手軽だけどコクのあるレシピ。
トマトソースを市販のピザソースにしても◎

空焼き 10分
230℃　8分

[材料]

鯖水煮缶　1/2缶
トマトソース　大さじ4
ピザ用チーズ　50g
スプラウト　適量

[つくり方]

1　空焼きしたパイシートにトマトソースを塗り、チーズ、鯖を乗せ、230℃のオーブンで8分焼く。

2　スプラウトを散らす。

Open Pie

コンビーフと
アボカドのわさびマヨ

空焼き 10分
210℃ 10分

コンビーフとアボカドにわさびマヨネーズで
ピリッと引き締めて。わさびはマヨネーズと混ぜず、
少しづつ乗せていくとアクセントに。

[材料]

コンビーフ　60g
アボカド　1個
わさび　小さじ1/2
マヨネーズ　大さじ1
ピザ用チーズ　50g

[つくり方]

1　アボカドは種を取り、薄切りにする。

2　空焼きしたパイシートにチーズ、ちぎったコンビーフ、アボカドの順で乗せ、マヨネーズをかけ、わさびを少量ずつ乗せる。

3　210℃のオーブンで10分焼く。

豚バラとあさり

空焼き 10分
230℃ 8分

ポルトガル料理屋さんでいただいてから、
豚肉とあさりの組み合わせが大好きに。
さらにパプリカパウダーとレモンを加えると本格的に。

[材料]

豚バラ薄切り　80g
あさりのむき身　80g
にんにく　1かけ
ミニトマト　5個
ピザ用チーズ　50g
パクチー　適量
黒胡椒　適量

[つくり方]

1　豚バラは4cmに切り、にんにくは薄切り、ミニトマトは2等分にする。

2　空焼きしたパイシートに、パクチー以外のすべての材料を乗せ、230℃で8分焼く。

3　パクチーを乗せ、黒胡椒をふる。

さんまとバジルのトマトソース

贅沢に旬の生さんまを使いました。生さんまがないときは水煮缶でも！タバスコのすっぱ辛さがさんまにぴったり。

空焼き 10分
210℃ 10分

[材料]

さんま(3枚おろし)　1尾
にんにく　1かけ
トマトソース　大さじ4
バジル　適量
タバスコ　少々

[つくり方]

1 さんまは一口大に切り、にんにくは薄切りにする。
2 空焼きしたパイシートにトマトソース、軽く塩(分量外)をふったさんま、にんにくを乗せ210℃のオーブンで10分焼く。
3 バジルを散らし、好みでタバスコをかける。

えびとミニトマトの クリームチーズ

真っ赤な1枚を作りたくて、あえて赤色にこだわりました。
ミニトマトは枝ごと乗せるとおもてなし感がぐっとアップ。

空焼き 10分
230℃ 8分

[材料]

小えび　6尾
ミニトマト　8個
にんにく　1かけ
クリームチーズ　30g
トマトソース　大さじ4

[つくり方]

1　小えびは殻をむき、にんにくは薄切りにする。

2　空焼きしたパイシートにトマトソースを塗り、えび、ミニトマト、にんにく、ちぎったクリームチーズを乗せ、230℃のオーブンで8分焼く。

Open Pie

Open Pie

Open Pie

生ハムと
マッシュルームの
ナッツナッツ

200℃ 20分

生ハムとお好みのナッツをたっぷり乗せて。
チーズも違った種類をいくつか合わせると美味。
煮詰めたバルサミコが合う！

[材料]

生ハム　4枚
マッシュルーム　2個
ナッツ類　適量
ドライフルーツ
　　（いちじく、レーズン）　適量
レッドチェダーチーズ　20g
ピザ用チーズ　30g
バルサミコ　大さじ2

[つくり方]

1　冷凍パイシートにピザ用チーズと細かくちぎったレッドチェダーチーズを乗せ、200℃のオーブンで20分焼く。

2　生ハム、ナッツ、ドライフルーツ、ちぎったマッシュルームを乗せ、煮つめたバルサミコをかける。

あさりと春菊の モッツァレラチーズ

春菊は生のままちぎって、サラダ感覚で。
水菜やスプラウトなど、お好みの野菜でも。

空焼き 10分
230℃ 8分

[材料]

あさりのむき身　60g
モッツァレラチーズ　80g
春菊　適量
A 豆板醤　小さじ1/2
　砂糖　小さじ1
　しょう油　1/2
　ごま油　小さじ1

[つくり方]

1. 春菊は葉の部分をつまみ、モッツァレラチーズは手でちぎる。あさりを**A**で和える。
2. 空焼きしたパイシートにチーズとあさりを乗せ230℃のオーブンで8分焼く。
3. 春菊を散らす。

ツナとクレソンの粒マスタード

ツナはオーブンで焼くのでチャンクタイプで。
玉ねぎの薄切りを加えると、食べごたえがアップします。

空焼き 10分
230℃ 8分

[材料]

ツナ（チャンク）　60g
粒マスタード　小さじ1
クレソン　適量
ピザ用チーズ　40g
黒胡椒　適量

[つくり方]

1　空焼きしたパイシートにクレソン以外のすべての材料を乗せ、230℃のオーブンで8分焼く。

2　ちぎったクレソンを乗せ、黒胡椒をふる。

ズッキーニとサラミとキムチ

空焼き 10分
230℃ 8分

ズッキーニとサラミだけでもシンプルで好きですが、
ここにキムチを加えると、
文句なしにビールが欲しくなるおつまみに!

[材料]

ズッキーニ 1/2本
サラミ 8枚
キムチ 30g
ピザ用チーズ 50g
オリーブオイル 適量

[つくり方]

1 ズッキーニは輪切りにする。

2 空焼きしたパイシートにオリーブオイル以外の材料を乗せ。230℃のオーブンで8分焼く。

3 オリーブオイルをかける。

ちりめんじゃこと佃煮わさび

空焼き	10分
230℃	8分

朝ごはんの定番、海苔の佃煮をオープンピザに。チーズとジャコとの組み合わせが、お味噌汁とも合いそう。

[材料]
- ちりめんじゃこ　大さじ1
- のりの佃煮　大さじ1
- わさび　小さじ1
- ピザ用チーズ　50g
- 青ねぎ　2本

[つくり方]
1. のりの佃煮とわさびを混ぜる。青ねぎは斜めの薄切りにする。
2. 空焼きしたパイシートに青ねぎ以外のすべての材料を乗せ、230℃のオーブンで8分焼く。
3. 青ねぎを散らす。

じゃこと枝豆、ししとうのバジルソース

空焼き	10分
230℃	8分

すべてグリーンの食材。生の枝豆を使う場合は、さっとゆでてから。さや付きの方が香りが10倍増し！食べるときは実を出して。

[材料]
- ちりめんじゃこ　6g
- 冷凍枝豆　さや付き10個
- ししとう　3本
- **A** バジルソース　大さじ1
    ピザ用チーズ　50g

[つくり方]
1. ししとうは縦半分に切る。**A**を混ぜる。
2. 空焼きしたパイシートにすべての材料を乗せ、230℃のオーブンで8分焼く。

Open Pie

オイルサーディンと
パセリマヨ梅

オイリーな印象ですが、梅の酸味とパセリの風味で◎
パセリは手でちぎるか、粗みじんで香りを出して。

空焼き 10分
230℃ 8分

[材料]

オイルサーディン　8枚(尾)
梅干し　1個
パセリ　大さじ3
マヨネーズ　大さじ4

[つくり方]

1　梅干しは種を取って包丁でたたく。パセリはみじん切りにし、マヨネーズと合わせる。

2　空焼きしたパイシートにパセリマヨネーズを塗り、オイルサーディンを並べ、梅干しを乗せ、230℃のオーブンで8分焼く。

しらすと
塩昆布サラダ

我が家で何度作ったかわからない定番サラダをオープンパイに乗せてみました。パイのパリパリ食感とも相性よし!

200℃ 20分

[材料]
しらす　大さじ2
塩昆布　小さじ1/2
スプラウト　適量
オリーブオイル　小さじ2
レモン汁　少々
ピザ用チーズ　40g

[つくり方]
1　冷凍パイシートにチーズを乗せ、200℃で20分焼く。
2　すべての材料を合わせて乗せる。

牡蠣とほうれん草のトマトソース

空焼き 10分
230℃ 10分

ぷっくりした牡蠣の旨みに、クミンのプチっとした食感が楽しい。ほうれん草は生のままドサッと乗せて。

[材料]

牡蠣　6個
ほうれん草　30g
トマトソース　大さじ4
レッドチェダーチーズ　40g
A オリーブオイル　小さじ2
　　クミンシード　小さじ1
　　塩　少々

[つくり方]

1　ほうれん草は2cmに切り、牡蠣と**A**を和える。

2　空焼きしたパイシートにトマトソースを塗り、ちぎったチーズと**1**を乗せ、230℃のオーブンで10分焼く。

かに缶とブロッコリーの
オリーブオイル

ブロッコリーは小さめの小房に。かに缶はお安いほぐし身で。
汁を少しブロッコリーにかけると風味が増します。

空焼き 10分
200℃ 15分

[材料]

かに缶（ほぐし身）　1缶（50g）
ブロッコリー　50g
オリーブオイル　適量
ピザ用チーズ　50g
黒胡椒　適量

[つくり方]

1　ブロッコリーは小さめの小房に分ける。かに缶は汁を切る。
2　空焼きしたパイシートにチーズ、ブロッコリー、かにを乗せ、オリーブオイルをかけて200℃のオーブンで15分焼く。
3　黒胡椒をふる。

Open Pie

Column 1

作りおきでいつでもオープンパイ

トマトソース

パイとトマトソースは相性抜群。
トマトソースがあれば、チーズと残り物食材を乗せて焼くだけで、
だいたい美味しくなるので、"使える"アイテムです。
密封容器に入れて冷凍保存でストック可能。

[作りやすい分量]

トマト缶　1缶
玉ねぎ　1/2個
にんにく　1かけ
ケチャップ　大さじ1
塩　小さじ1/2
砂糖　小さじ1
オリーブオイル　大さじ1

[つくり方]

1 玉ねぎとにんにくはみじん切りにする。小鍋にオリーブオイルと玉ねぎ、にんにくを入れてよく炒める。

2 トマト缶、ケチャップ、塩、砂糖を加えて中火で10分ほどに詰める。

サラミと
ゆず胡椒れんこん

空焼き 10分
190℃ 15分

れんこんのシャキシャキ感とゆず胡椒のピリッとした辛みが、まさにおつまみ！れんこんは皮ごと香りもいただいて。

[材料]

サラミ　8枚
れんこん　60g
ゆず胡椒　小さじ1
ピザ用チーズ　50g
オリーブオイル　適量

[つくり方]

1　れんこんは皮付きのまま薄切りにする。

2　空焼きしたパイシートにチーズ、れんこん、サラミを乗せる。れんこんの上にゆず胡椒を乗せ、190℃のオーブンで15分焼く。

3　オリーブオイルをかける。

ほたて缶とれんこんの からしマヨ

味のルーツは、熊本のからしれんこん。辛くなり過ぎないように、マヨネーズでまろやかさをプラスして。

空焼き 10分
210℃ 10分

[材料]

ほたて缶(ほぐし身)　1缶
れんこん　60g
からし　少々
マヨネーズ　大さじ2
青のり　適量

[つくり方]

1 れんこんは皮付きのまま薄切りにする。汁を切ったほたて缶、からし、マヨネーズを合わせる。

2 空焼きしたパイシートに1のマヨネーズを塗ってれんこんを並べ、210℃で10分焼く。

3 青のりをふる。

塩辛と
じゃがいもチーズ

じゃがいもは細く切って、水にさらしてシャキシャキ感を
楽しんで。じゃがいもと塩辛の組み合わせは最強!

空焼き 10分
210℃ 15分

[材料]

いかの塩辛　40g
じゃがいも　1/2個
バター　10g
ピザ用チーズ　50g
黒胡椒　適量

[つくり方]

1　じゃがいもは千切りにする。

2　空焼きしたパイシートにすべての材料を乗せ、210℃のオーブンで15分焼く。

3　黒胡椒をふる。

Open Pie

山椒の実とフロマージュ

空焼き 10分
230℃ 8分

チーズは好きなものでOK！実山椒のしびれで、大人の一品。
玉ねぎの甘みがあるので、たっぷり加えて。

［材料］

実山椒　小さじ1
玉ねぎ　40g
ピザ用チーズ　20g
ブルーチーズ　20g
レッドチェダーチーズ　20g

［つくり方］

1　玉ねぎは薄切りにする。
2　空焼きしたパイシートにすべての材料を乗せ（チーズはちぎって）、230℃のオーブンで8分焼く。

きのこたっぷりビスマルク

空焼き 10分
190℃ 10分

卵の半熟具合がとってもうれしい。
卵をくずしながらソースのように召し上がれ！
きのこは、エリンギやしいたけなどお好みのものでも。

［材料］

トマトソース　大さじ4
マッシュルーム　2個
まいたけ　40g
ピザ用チーズ　50g
粉チーズ　適量
塩　少々

［つくり方］

1　マッシュルームは薄切りにし、まいたけはちぎり、軽く塩をする。
2　空焼きしたパイシートにトマトソース、チーズ、きのこ、卵を乗せ粉チーズをふり、190℃のオーブンで10分ほど焼く。

Open Pie

いかとセロリのトマトソース

空焼き 10分
210℃ 10分

いかはワタも使うので、お刺身用の新鮮なものを使ってください。セロリのさわやかな香りと好相性。

[材料]

いか（ワタも使う）　1ぱい
セロリ　20g
トマトソース　大さじ4
A しょう油　小さじ1/2
　　おろししょうが　少々
ピザ用チーズ　50g
セロリの葉　適量

[つくり方]

1　いかは輪切りにする。ワタは**A**と混ぜる。セロリは斜め薄切りにする。

2　空焼きしたパイシートにいかワタのソースを塗り、チーズ、セロリ、いかを乗せ210℃のオーブンで10分焼く。

3　セロリの葉を刻んだものを散らす。

明太子と玉ねぎのクリームチーズ

空焼き 10分
230℃ 8分

明太子はほぐしてクリームチーズの上に少しずつ乗せて。色と味のコントラストが楽しい一品。

[材料]

明太子　1本
玉ねぎ　40g
クリームチーズ　80g
ルッコラ　適量
オリーブオイル　適量

[つくり方]

1　玉ねぎは薄切りにする。

2　空焼きしたパイシートにルッコラ以外のすべての材料を乗せ、230℃のオーブンで8分焼く。

3　ルッコラを乗せ、オリーブオイルをかける。

じゃがいもとベーコンのローズマリーチーズ

学生時代のバイト先で大好きだったピザをアレンジ。
ローズマリーは枝ごと乗せて、ちぎって香りを楽しんで!

空焼き 10分
190℃ 15分

[材料]

じゃがいも　1/4個
ベーコン　2枚
にんにく　1かけ
ローズマリー　1枝
ピザ用チーズ　50g
塩　少々

[つくり方]

1　じゃがいもは皮付きのまま薄切りにし、塩をふる。ベーコンは1cmに、にんにくは薄切りにする。

2　空焼きしたパイシートにチーズ、1、ローズマリーを乗せ、190℃のオーブンで15分焼く。

Open Pie

カルボナーラ

甥っ子とピザ作りをしていた時に、「具材どうしよう?」
っていう問いかけに「カルボナーラ!」と一言。
そちらをアレンジしました。

空焼き 10分
190℃ 10分

[材料]

ベーコン　2枚
卵　1個
グリンピース　適量
ホワイトソース　大さじ4

[つくり方]

1　ベーコンは1cmに切る。

2　空焼きしたパイシートにホワイトソースを塗り、すべての材料を乗せ、190℃のオーブンで10分焼く。

Open Pie

バジルチキン

空焼き 10分
220℃ 10分

タイで食べた炒め物をオープンパイに。
オイスターソースで鶏肉をしっかり和えることで、コクが出ます。

[材料]

鶏もも肉　1/2枚
カラーピーマン　各20g
カシューナッツ　6粒
A にんにく（おろし）　1/2かけ
　　オイスターソース　小さじ2
ピザ用チーズ　50g
バジル　5枚

[つくり方]

1　鶏もも肉は2cm角に切って**A**で和える。カラーピーマンは薄切り、カシューナッツは粗みじんに切る。

2　空焼きしたパイシートにバジル以外のすべての材料を乗せ、220℃のオーブンで10分焼く。

3　バジルを散らす。

ひき肉と小えびのトムヤム

空焼き 10分
230℃ 8分

我が家に常備してあるトムヤムペーストを鶏ひき肉と
混ぜて焼き、パクチーをたっぷり乗せて。ビールにぴったり!

[材料]

鶏ひき肉　100g
小えび　6尾
玉ねぎ　1/4個(60g)
A　トムヤムペースト　小さじ2
　　ケチャップ　小さじ1
パクチー　適量

[つくり方]

1　鶏ひき肉とAを練る。玉ねぎは薄切りにする。
2　空焼きしたパイシートにひき肉を伸ばし、玉ねぎ、えびを並べ、230℃のオーブンで8分焼く。
3　パクチーを乗せる。

ししゃもと春菊のカレーチーズ

空焼き 10分
230℃ 10分

ししゃもといえば、「焼いて食べる」ですが、
こうするとおもてなし料理に早変わり。
ほろ苦いししゃもと春菊の相性が抜群。

[材料]

ししゃも　4尾
春菊　2株
カレー粉　少々
マヨネーズ　大さじ1
ピザ用チーズ　50g

[つくり方]

1　春菊は葉の部分をつまむ。
2　空焼きしたパイシートにチーズを乗せてししゃもを並べ、マヨネーズをかけてカレー粉をふる。230℃のオーブンで10分焼く。
3　春菊を散らす。

Open Pie

ソーセージとミニトマトの ブルーチーズ

ソーセージはフランクやピリッと辛いチョリソなど
お好みのものを。見た目はカラフルですが、大人の味です。

空焼き 10分
230℃ 8分

[材料]

ソーセージ　4本
カラフルミニトマト　8個
ブルーチーズ　20g
ピザ用チーズ　30g
ローズマリー　1枝

[つくり方]

1　ソーセージは2等分にする。

2　空焼きしたパイシートにすべての材料を乗せ、230℃のオーブンで8分焼く。

ベーコンとピーマンの
カレーガーリック

カラーピーマンを縦に輪切りにすることで見た目にも楽しく。
ボリュームをプラスしたいときはベーコンを厚切りに。

空焼き 10分
230℃　8分

[材料]

ベーコン　2枚
カラーピーマン　40g
にんにく　1かけ
ピザ用チーズ　50g
カレー粉　適量
オリーブオイル　適量

[つくり方]

1　カラーピーマンは種を取って輪切りにし、にんにくは薄切り、ベーコンは1cmに切る。

2　空焼きしたパイシートにチーズ、1を乗せてカレー粉をふり、230℃のオーブンで8分焼く。

3　オリーブオイルをかける。

ダブルコーン

子供のおやつと思いきや、ディルやパプリカを入れることで、
ワインにもピッタリあう不思議なレシピ。
少しの醤油でアクセントを。

空焼き 10分
230℃ 8分

[材料]

とうもろこし　50g
コーンクリーム缶　大さじ4
冷凍グリンピース　大さじ1
ピザ用チーズ　50g
パプリカパウダー　適量
ディル　適量
醤油　少々

[つくり方]

1　とうもろこしは実をそぎ落とし、ディルはみじん切りにする。

2　空焼きしたパイシートにチーズ、コーンクリーム、とうもろこし、グリンピースを乗せ、醤油をたらし、230℃で8分焼く。

3　パプリカパウダーとディルをふる。

Column 2

作りおきでいつでもオープンパイ

ホワイトソース

ホワイトソースと聞くだけで「ハードル高そう!」と思うかもしれません。
が、どこの家にもあるもので簡単に作れます。
わざわざ市販のソースを買わなくても即本格ソースが!
密閉容器に入れて冷凍保存でストック可能。

[作りやすい分量]

牛乳　300ml
バター　30g
薄力粉　大さじ4
塩　小さじ1/2

[つくり方]

1 小鍋にバターを入れ火にかけ、とけたら薄力粉を加え木べらで焦げないように炒めていく。

2 火を弱めて、冷たいままの牛乳を少しずつ加えゴムベラか、小さめな泡だて器で勢いよく、なめらかになるまで混ぜる。

プラムとクレソン、トレビスのカッテージ

空焼き 10分

旬のプラムを皮ごとサラダに。プラムが手に入らない場合は、柿やりんご、スイカなど旬の果物で。なにしろ美味しいです。

[材料]

プラム　2個
クレソン　1束
トレビス　1枚
カッテージチーズ　大さじ2
A オリーブオイル　大さじ1
　塩　少々
ピンクペッパー　少々

[つくり方]

1. プラムは薄い半月切りにする。クレソンとトレビスは一口大に切る。
2. カッテージチーズと**1**、**A**を和える。
3. 空焼きしたパイシートにすべての材料を乗せ、ピンクペッパーをふる。

さつま芋と
レーズンバター

空焼き 10分
200℃ 15分

オーブンパイにしっとり芋けんぴが乗っているイメージ。
さつま芋を水でさらすのがしっとりのコツです。

[材料]

さつま芋　60g
レーズン　大さじ2
バター　10g
グラニュー糖　大さじ1/2
ピザ用チーズ　50g
シナモン　適量

[つくり方]

1　さつま芋は皮付きのまま細めの千切りにし、水にさらす。

2　空焼きしたパイシートにすべてを乗せ200℃のオーブンで15分焼く。

3　シナモンをふる。

紫芋とドライプルーン

空焼き 10分
190℃ 15分

紫の料理をもっと楽しんでもいいのでは？
で、紫芋にしましたが、もちろんさつま芋で美味しいです。
甘じょっぱさがクセになりますよ。

[材料]

紫芋　30g
ドライプルーン　2個
ブルーベリージャム　大さじ2
ピザ用チーズ　30g

[つくり方]

1　紫芋は皮付きのまま薄切りにし、水にさらす。プルーンは粗みじん切りにする。

2　空焼きしたパイシートにジャムを塗り、チーズ、紫芋、プルーンを乗せ、190℃のオーブンで15分焼く。

Open Pie

ベーコンと
マッシュルーム、
シーザーサラダ

空焼き 10分
230℃ 8分

焼いたマッシュルームの香りとサラダの組み合わせが最強。
パルメザンチーズがあれば、
最後にたっぷり削ると風味が倍増。

[材料]

ベーコン　1枚
マッシュルーム　2個
ロメインレタス　1/3個
ピザ用チーズ　40g
パルメザンチーズ　適量
A アンチョビ(みじん)　1枚
　　粉チーズ　大さじ1
　　オリーブオイル　大さじ1

[つくり方]

1 マッシュルームは薄切りに、ベーコンは5mmに切る。レタスは一口大にちぎり、**A**と和える。

2 空焼きしたパイシートにチーズ、マッシュルーム、ベーコンを乗せ230℃で8分焼く。

3 レタスを乗せ、パルメザンチーズがあれば削る。

たこと長ねぎ

たこ焼きの進化系? 青のりではなくて大葉の千切りを
加えることでさわやかな印象に。もちろん青のりでも!

空焼き 10分
230℃　8分

[材料]

たこ　80g
長ねぎ　20g
切りいか　小さじ2
ピザ用チーズ　50g
大葉　3枚
中濃ソース　適量

[つくり方]

1　たこは薄切り、長ねぎは斜め薄切り、大葉は千切りにする。

2　空焼きにしたパイシートにチーズ、たこ、長ねぎを乗せ、230℃のオーブンで8分ほど焼く。

3　大葉を散らし、ソースをかける。

Column 3

作りおきでいつでもオープンパイ

カスタードクリーム

絶対に手作りのほうが美味しいものの一つがカスタードクリーム。
混じりっけなしのカスタードクリームは、何にも代え難い味わい。
サックサクのパイシートにクリームだけでも◎
密封容器に入れて冷凍保存でストック可能。

[作りやすい分量]

卵　2個
コーンスターチ
　　大さじ1½
薄力粉　大さじ1½
砂糖　80g
牛乳　300ml

[つくり方]

1 ボウルに卵と半分の砂糖を入れて泡だて器でよく混ぜ、ふるっておいた薄力粉とコーンスターチを加えさらに混ぜる。

2 小鍋に牛乳と残りの砂糖を入れて、沸騰直前まで熱し**1**に加えてよく混ぜる。ざるなどを通しながら小鍋に戻し、ふつふつとするまで煮る。バットなどに広げ、ラップをして冷蔵庫で冷やす。

カレーとビーンズの
チーズ

空焼き	10分
230℃	8分

レトルトカレーですよ！袋開けるだけですから。どこまでも簡単レシピが好きなのです。休日のブランチにぴったり。

[材料]

レトルトカレー　1/2袋
ミックスビーンズ　40g
ピザ用チーズ　50g
タイム　適量

[つくり方]

1　空焼きしたパイシートにチーズ、カレー、ミックスビーンズを乗せ、230℃のオーブンで8分焼く。

2　タイムを乗せる。

じゃことねぎねぎのり

ねぎとじゃこは「こんなに?」とたじろぐくらいに
乗せてください。
くったりしたねぎの甘さと刻みのりで、妙に安心感。

空焼き 10分
230℃ 8分

[材料]

ちりめんじゃこ　大さじ1
長ねぎ　40g
青ねぎ　3本
ピザ用チーズ　50g
刻みのり　適量

[つくり方]

1 長ねぎと青ねぎは斜め薄切りにする。

2 空焼きしたパイシートに刻みのり以外を乗せ230℃のオーブンで8分焼く。

3 刻みのりをかける。

いかの真っ黒ソース

たまには黒もいいですね。市販のホワイトソースとイカスミペーストでお手軽に。黒くわかりにくいですが、玉ねぎがいい働きをしています。

空焼き 10分
230℃ 8分

[材料]

いか　1ぱい
玉ねぎ　30g
イカスミ(ペースト)　4g
ホワイトソース　大さじ4
黒胡椒　適量
オリーブオイル　適量

[つくり方]

1　玉ねぎは薄切りにし、いかは輪切りにする。いかのワタ、イカスミ、ホワイトソースを和える。

2　空焼きしたパイシートにイカスミのソースを塗り、いか、玉ねぎを乗せ、230℃のオーブンで8分焼く。

3　黒胡椒をふり、オリーブオイルをかける。

Open Pie

サルシッチャとチーズ

空焼き 10分
220℃ 10分

手作りのサルシッチャでボリュームたっぷり。キッチンに眠りがちなスパイスを加えて、オリジナルの味を!

[材料]

A 豚ひき肉　75g
　　玉ねぎ(みじん)　大さじ1½
　　イタリアンパセリ(荒みじん)
　　　大さじ1
　　片栗粉　大さじ½
　　塩　少々
　　卵　½個
　　水　大さじ½
　　コリアンダー粉　小さじ⅓
　　パプリカ粉　小さじ⅓
玉ねぎ(薄切り)　¼個
ピザ用チーズ　50g
イタリアンパセリ(飾り用)　適量

[つくり方]

1 **A**をボウルの中でよく練り、7～8等分にして丸め、押さえて平たくし、サルシッチャを作る。

2 空焼きしたパイシートにチーズ、玉ねぎの薄切り、サルシッチャを乗せ、220℃のオーブンで10分焼く。

3 イタリアンパセリを乗せる。

Open Pie

カレー風味の
ひき肉と赤ピーマン

空焼き 10分
220℃ 10分

カレー風味のサルシッチャを細長く。
ハーブは生がなければ、乾燥のオレガノやパセリでも。

[材料]

- **A** 豚ひき肉　75g
  - 玉ねぎ(みじん)　大さじ1½
  - 片栗粉　大さじ½
  - 塩　少々
  - 卵　½個
  - 水　大さじ½
  - カレー粉　小さじ1
- 赤ピーマン　1個
- ピザ用チーズ　50g
- セージ　適量

[つくり方]

1. 赤ピーマンは種を取って輪切りにする。**A**をボウルの中でよく練る。
2. 空焼きしたパイシートにチーズを乗せ、**A**を細長く伸ばし、赤ピーマン、セージを乗せ、220℃のオーブンで10分焼く。

ソーセージとピクルス
のモッツァレラ

空焼き 10分
230℃　8分

市販のソーセージとピクルスでホットドッグのような一品。
ピクルスにトレビスの粗みじんを加えて彩り豊かに。

[材料]

ソーセージ　4本
モッツァレラチーズ　40g
ピクルス　大さじ2
紫キャベツ　1/3枚
オレガノ　適量
オリーブオイル　小さじ2

[つくり方]

1　ソーセージは縦に半分に切る。ピクルス、紫キャベツは粗みじんに切る。

2　空焼きしたパイシートにチーズとソーセージを乗せ、230℃のオーブンで8分焼く。

3　ピクルス、紫キャベツ、オレガノ、オリーブオイルを和え、1に乗せる。

Open Pie

いろいろきのこの
コチュジャンマヨ

空焼き 10分
230℃　8分

間違いなくビールです。好みのたっぷりきのこと
コチュジャンマヨでビール！ちぎった海苔がアクセントに。

[材料]

まいたけ　60g
しいたけ　2個
しめじ　60g
コチュジャン　小さじ$1\frac{1}{2}$
マヨネーズ　大さじ$1\frac{1}{2}$
海苔　適量

[つくり方]

1　まいたけとしめじは小房に分け、しいたけ
　　は薄切りにする。

2　コチュジャンとマヨネーズを合わせ、空焼
　　きしたパイシートに塗り、**1**を乗せ230℃の
　　オーブンで8分焼く。

3　ちぎったのりを乗せる。

プラムと
マスカルポーネの
一味ミント

空焼き **10分**
210℃ **10分**

皮付きプラムの色のきれいなことといったら。
酸味が強いのでグラニュー糖をたっぷりかけて。
マスカルポーネを添えて。

[材料]

プラム　2個
グラニュー糖　小さじ2
マスカルポーネ　大さじ2
はちみつ　大さじ1
一味唐辛子　適量
ミント　適量

[つくり方]

1. プラムは皮付きのまま種を取り、薄切りにする。
2. 空焼きしたパイシートにプラムを乗せてグラニュー糖をかけ、210℃のオーブンで10分焼く。
3. マスカルポーネを乗せ、はちみつと一味をかけ、ミントを飾る。

Open Pie

いちごと
はちみつミントの
マスカルポーネ

空焼き 10分

おとぎの国のようなガーリーな一品。果物は、ベリー以外にも
お好みのもので。家飲みのデザートにぴったり。

[材料]

いちご 5粒
ラズベリー 20粒
マスカルポーネ 大さじ3
はちみつ 適量
ミント 適量

[つくり方]

1 いちごは4等分に切る。
2 空焼きしたパイシートにいちご、ラズベリー、マスカルポーネを乗せる。
3 はちみつをかけ、ミントを乗せる。

マンゴーとキウイと
パインの
ココナッツミルク

空焼き 10分

ココナッツミルクとヨーグルトのソースが、南国フルーツに
よく合う！生のフルーツが手に入らない場合は缶詰でも十分。

[材料]

マンゴー $\frac{1}{4}$個
キウイ $\frac{1}{2}$個
パイン 60g
A ココナッツミルク 大さじ2
  ヨーグルト 大さじ2
  砂糖 小さじ2

[つくり方]

1 果物は一口大に切る。**A**を合わせてソースを作り、フルーツと和える。
2 空焼きしたパイシートに**1**を乗せる。

りんごとモッツァレラ

空焼き 10分
210℃ 10分

薄切りりんごとモッツァレラチーズの定番組み合わせ。
ラベンダーやカモミールなどのハーブティーをプラスして。

[材料]

りんご　1/3個
モッツァレラチーズ　80g
グラニュー糖　小さじ2
ドライラベンダー　適量
レモンバーベナ(あれば)　適量

[つくり方]

1　りんごは、皮付きのまま薄切りにする。

2　空焼きしたパイシートにモッツァレラチーズ、りんごを乗せ、ドライラベンダー、グラニュー糖をふり、210℃のオーブンで10分焼く。

3　レモンバーベナを乗せる。

バナナとキャラメル

キャラメルとバナナを使った、お手軽デザート。シナモンをかけたくなりますが、抹茶にしてみたら想定外の美味しさ。

空焼き 10分
230℃ 8分

[材料]

バナナ　1本
キャラメル　3個
グラニュー糖　大さじ1
抹茶パウダー　適量

[つくり方]

1　バナナは斜め薄切りにし、キャラメルは3等分に切る。

2　空焼きしたパイシートにバナナ、キャラメルを乗せてグラニュー糖をかけ、230℃のオーブンで8分焼く。

3　抹茶パウダーをふる。

Open Pie

マシュマロと板チョコのママレード

甘い焼きマシュマロに、ママレードのほろ苦さをプラスして。
ジャムは酸味の強いものや、苦みのあるものがおすすめ。

空焼き 10分
210℃ 10分

[材料]

板チョコ　6かけ
マシュマロ　6個
ママレードジャム　大さじ1

[つくり方]

1　空焼きしたパイシートにママレードを塗って板チョコとちぎったマシュマロを乗せ、210℃のオーブンで10分焼く。

いちじくと梨の ブルーチーズナッツ

いちじくとブルーチーズの組み合わせに、ピスタチオやピーカンナッツと梨をプラス。秋冬に赤ワインと一緒に。

空焼き 10分
210℃ 10分

[材料]

いちじく　2個
梨　1/4個
ナッツ類　適量
ブルーチーズ　40g
はちみつ　適量

[つくり方]

1　いちじくと梨は皮付きのまま薄切りにする。

2　空焼きしたパイシートにはちみつ以外のすべての材料を乗せ、210℃のオーブンで10分焼く。

3　はちみつをかける。

ぶどうと
クリームチーズ

ぶどうは枝付きのままで乗せるのが見た目アップのコツ。
焼くことで皮がはじけるので、皮付きのままどうぞ。

空焼き 10分
210℃ 13分

[材料]

ぶどう　15粒ほど
グラニュー糖　小さじ2
クリームチーズ　60g
タイム　適量
アイスクリーム　適量

[つくり方]

1 空焼きしたパイシートにチーズ、ぶどうを乗せてグラニュー糖をかけ、210℃のオーブンで13分焼く。

2 タイム、アイスクリームを乗せる。

Open Pie

柿と板チョコ

柿とチョコレートにさらにチョコアイスをトッピング！
お酒好きな方は、ブランデーをひと振りすることで大人味。

空焼き 10分
230℃　8分

[材料]

柿　1/2個
板チョコ　適量
ピザ用チーズ　40g
チョコレートアイス　適量

[つくり方]

1　柿は薄切りにする。

2　空焼きしたパイシートにチーズ、柿を乗せ、230℃のオーブンで8分焼く。

3　チョコレートアイスを乗せ、板チョコを削る。

甘栗とドライフルーツの
ナッツまみれ

市販の甘栗とドライフルーツとクルミやアーモンドなど、秋の味を楽しんで! 小さめにカットしてスナック感覚で。

空焼き 10分
210℃ 10分

[材料]

甘栗　40g
ドライプルーン　2個
ドライあんず　4個
ナッツ類　大さじ1
あんずジャム　大さじ1

[つくり方]

1　甘栗は半分に切り、ドライフルーツとナッツ類は粗みじん切りにする。

2　空焼きしたパイシートにジャムを塗ってすべての材料を乗せ、210℃のオーブンで10分焼く。

Open Pie

桃缶とさくらんぼ缶の クリームチーズ

空焼き 10分
210℃ 10分

フルーツ缶だから、一年中楽しめるすぐれたレシピ。
ココナッツのパリパリ感がアクセントに。

[材料]

黄桃(缶詰)　6切れ
さくらんぼ(缶詰)　4個
ココナッツ　大さじ1
グラニュー糖　小さじ2
クリームチーズ　60g

[つくり方]

1　空焼きしたパイシートにすべての材料を乗せ、210℃のオーブンで10分焼く。

桃とはちみつの サワークリーム

空焼き 10分
210℃ 7分

桃の季節にぜひ作ってほしい一品。焼いた桃の
じゅわっとした芳醇な甘さがサワークリームとぴったり!

[材料]

桃　1/2個
サワークリーム　大さじ2
はちみつ　適量
ピザ用チーズ　40g
ミント　適量

[つくり方]

1　桃は皮付きのまま薄切りにする。

2　空焼きしたパイシートにチーズと桃を乗せ、210℃のオーブンで7分ほど焼く。

3　サワークリーム、ミントを乗せ、はちみつをかける。

みかんと板チョコの カスタード

みかんは思い切って皮付きで。フレッシュなオレンジピールを食べているよう。パリッとしたパイ生地とよく合います。

空焼き 10分
210℃ 10分

[材料]

みかん1個
板チョコ 適量
グラニュー糖 大さじ1
カスタードクリーム 大さじ3

[つくり方]

1 みかんは皮付きのまま、薄切りにする。
2 空焼きしたパイシートにカスタードクリームを塗り、みかんを乗せてグラニュー糖をかけ、210℃のオーブンで10分焼く。
3 板チョコを削る。

マンゴーと
クリームチーズ

マンゴーは冷凍のカットマンゴーでも十分美味しくいただけます。旬の季節なら、ぜひソースも手作りで。

空焼き 10分
210℃ 10分

[材料]

マンゴー　80g
クリームチーズ　40g
マンゴーソース　大さじ2
ミント　適量

[つくり方]

1　マンゴーは2cm角に切る。

2　空焼きしたパイシートにクリームチーズとマンゴーを乗せて210℃のオーブンで10分焼く。

3　マンゴーソースをかけ、ミントを散らす。

Open Pie

新田亜素美 [にったあそみ]

フードスタイリスト。

短大卒業後、都内レストランの厨房で働きながら、テレビなどでフードスタイリストとして活動を始める。現在は、書籍、雑誌でのレシピ作成や、テレビ番組、広告でのコーディネートを手がけ、料理やお酒のイベントなども積極的に行う。

著書に『並べて、焼けるの待つだけ ほったらかしオーブンレシピ』(大和書房)がある。

冷凍パイシートさえあれば!

オープンパイ

2016年11月5日　第1刷発行

著者	新田亜素美
発行者	佐藤 靖
発行所	大和書房

〒112-0014
東京都文京区関口 1-33-4
☎ 03-3203-4511

ブックデザイン	芝 晶子(文京図案室)
写真	福尾美雪
調理アシスタント	友部理子、今井 亮、茂庭 翠
校正	メイ
印刷所	凸版印刷
製本所	ナショナル製本
企画・編集	長谷川恵子(大和書房)

©2016 Asomi Nitta, Printed in Japan
ISBN978-4-479-92106-6
乱丁本、落丁本はお取替えいたします。

http://www.daiwashobo.co.jp/